다꾸음 (濁音)

ガ	が	ギ	ぎ	グ	ぐ	ゲ	げ	ゴ	ご
(ga)		(gi)		(gu)		(ge)		(go)	
ザ	ざ	ジ	じ	ズ	ず	ゼ	ぜ	ゾ	ぞ
(za)		(ji)		(zu)		(ze)		(zo)	
ダ	だ	ヂ	ぢ	ヅ	づ	デ	で	ド	ど
(da)		(ji)		(zu)		(de)		(do)	
バ	ば	ビ	び	ブ	ぶ	ベ	べ	ボ	ぼ
(ba)		(bi)		(bu)		(be)		(bo)	

한다꾸음 (半濁音)

パ	ぱ	ピ	ぴ	プ	ぷ	ペ	ぺ	ポ	ぽ
(pa)		(pi)		(pu)		(pe)		(po)	

요오음 (拗音)

キャ	シャ	チャ	ニャ	ヒャ	ミャ	リャ
kya	sha	cha	nya	hya	mya	rya
キュ	シュ	チュ	ニュ	ヒュ	ミュ	リュ
kyu	shu	chu	nyu	hyu	myu	ryu
キョ	ショ	チョ	ニョ	ヒョ	ミョ	リョ
kyo	sho	cho	nyo	hyo	myo	ryo

일본어의 발음과 표기법

(1) **세이옹**: せいおん(청음〈清音〉)……맑게 소리 나는 음.
① あ행……「あ, い, う, え, お」는 〔아, 이, 우, 에, 오〕로 읽는다.
② か행……「か, き, く, け, こ」로 〔가, 기, 구, 게. 고〕로 읽는다.
③ さ행……「さ, し, す, せ, そ」는 〔사, 시, 스, 세, 소〕로 읽는다.
④ た행……「た, ち, つ, て, と」는 〔다, 찌, 쓰, 데, 도〕로 읽는다.
⑤ な행……「な, に, ぬ, ね, の」는 〔나, 니, 누, 네, 노〕로 읽는다.
⑥ は행……「は, ひ, ふ, へ, ほ」는 〔하, 히, 후, 헤, 호〕로 읽는다.
⑦ ま행……「ま, み, む, め, も」는 〔마, 미, 무, 메, 모〕로 읽는다.
⑧ や행……「や, い, ゆ, え, よ」는 〔야, 이, 유, 에, 요〕로 읽는다.
⑨ ら행……「ら, り, る, れ, ろ」는 〔라, 리, 루, 레, 로〕로 읽는다.
⑩ わ행……「わ, ゐ, う, ゑ, を」는 〔와, 이, 우, 에, 오〕로 읽는다.

〔**참고 1**〕 〈や행〉의 「い, え」는 〈あ行〉의 것과 글자 및 발음이 똑 같다. 이것은 앞의 「고쥬우옹(五十音)도」에서 보는 바와 같이 「단」(五十音図를 세로로 읽었을 때 〈あ단〉은 「あ, か, さ, た, な, は, ま, や, ら, わ」임)을 맞추기 위해 중복시킨 것이다.

〔**참고 2**〕 〈わ행〉의 「ゐ, ゑ」는 현재는 사용하지 않고 있으며 「う」는 「단」을 맞추기 위한 중복이다. 또 「を」는 〈あ행〉의 「お」와 똑같은 발음인데 단지 목적격을 나타내는 토씨에만 쓰인다.

 (예) 책을 사다 ⇨ ほん(本)をか(買)う.

〔**참고 3**〕 〈か행〉 전부와 〈た행〉의 「た, て, と」는 우리 말의 〔가, 기, 구, 게, 고〕 및 〔다, 데, 도〕와 똑같은 발음이 아니다. 또 이들 글자는 같은 글자를 썼어도 그 글자가 놓인 위치에 따라 발음이 달라지는 일이 있다. 예를 들면 「きく(菊)」(국화)와 「くも(雲)」에서 앞의 것은 〔기꾸〕, 뒤의 것은 〔구모〕로 발음이 되는 따위가 그것이다. 그리고 문교부의 「외래어 표기법」에 따르면 「きく(菊)」는 「키쿠」로 적도록 되어 있다. 그것은 일본어의 음을 일단 로마자로 쓰면 「きく」는 〔kiku〕가 되는데 이를 다시 우리 말로 옮겨 쓰면 〔키쿠〕로 되기 때문이다. 다시 말해서 우리 말의 발음체계는 「보통 소리(平音)」, 「된 소리(硬音)」, 「거센 소리(激音)」의 삼각관계를 이루고 있는데 대해 일본어나 영어는 「유성음(有聲音)」과 「무성음(無聲音)」의 대립관계로 되어 있기 때문에 이런 현상이 일어나는 것이다. 따라서 일본의 수도 東京은 「도오꾜오」에 가까운 발음이지만 문교부의 「외래어 표기법」에 따르면 「토오쿄오」로 적도록 되어 있다는 예를 보아 그 표기와 실제의 발음에는 차이가 있다는 점을 이해해 두어야 한다.

 (2) **다꾸옹**: たくおん(탁음〈濁音〉……〈か, た, さ, は행〉의 글자 우상쪽에 「゛」를 덧붙여서 나타낸다.
① が행……「が, ぎ, ぐ, げ, ご」는 영어의 〔ga, gi, gu, ge, go〕에 가까운 음이다.
② ざ행……「ざ, じ, ず, ぜ, ぞ」는 영어의 〔za, ji, zu, ze, zo〕에 가까운 음이다.
③ だ행……「だ, ぢ, づ, で, ど」는 영어의 〔da, ji, zu, de, do〕에 가까운 음이다.
④ ば행……「ば, び, ぶ, べ, ぼ」는 영어의 〔ba, bi, bu, be, bo〕에 가까운 음이다.

(3) 한다꾸옹 : はんだくおん(반타음〈半濁音〉)……〈は행〉의 글자 우상쪽에 「°」을 덧붙여서 나타낸다.

① 「ぱ, ぴ, ぷ, ぺ, ぽ」는 「파, 피, 푸, 페, 포」로 읽는다.

(4) 요오옹 : ようおん(유음〈拗音〉)……〈い단〉의 자음 글자에 반모음 「や, ゆ, よ」를 연속시켜서 나타낸다. 이때의 「や, ゆ, よ」는 「세이옹(淸音)」보다 작은 글자로 쓰며, 글자의 위치도 종서(縱書)에서는 오른쪽으로 약간 쳐지게, 횡서(橫書)에서는 밑으로 약간 쳐지게 쓴다.

① き는 「きゃ, きゅ, きょ」로 작고 〔갸, 규, 교〕로 읽는다.
② し는 「しゃ, しゅ, しょ」로 적고 〔샤, 슈, 쇼〕로 읽는다.
③ ち는 「ちゃ, ちゅ, ちょ」로 적고 〔쟈, 쥬, 죠〕로 읽는다.
④ に는 「にゃ, にゅ, にょ」로 적고 〔냐, 뉴, 뇨〕로 읽는다.
⑤ ひ는 「ひゃ, ひゅ, ひょ」로 적고 〔햐, 휴, 효〕로 읽는다.
⑥ み는 「みゃ, みゅ, みょ」로 적고 〔먀, 뮤, 묘〕로 읽는다.
⑦ り는 「りゃ, りゅ, りょ」로 적고 〔랴, 류, 료〕로 읽는다.

(5) 하쓰옹 : はつおん(발음〈撥音〉)……「ん」자인데 팅기는 듯한 소리로 발음한다. 단, 그 다음에 오는 글자에 따라 발음이 달라진다.

① 〈な, た, だ, ざ, ら행〉의 앞에 올 때는 "ㄴ(n)"으로 소리난다.
　　(예) こんにち〔곤니찌〕: 오늘(今日)　たんじょうび〔단죠오비〕: 생일날
　　　　バランス〔바란스〕: 밸런스, 균형
② 〈ま, ば, ぱ행〉의 앞에 올 때는 "ㅁ(m)"으로 소리난다.
　　(예) こんばん〔곰방〕: 오늘 밤(今晚)　ポンプ〔뽐뿌〕: 펌프
③ 〈か, が행〉의 앞에 올 때와 뒤에 오는 말이 없을 때는 "ㅇ(ŋ)"으로 소리난다.
　　(예) かんこく〔캉꼬꾸〕: 한국　にほんご〔니홍고〕: 일본어　ほん〔홍〕: 책

(6) 소꾸옹 : そくおん(촉음〈促音〉)……「つ」자를 작게 「っ」로 써서 받침 구실을 하는 것인데 밑에 따르는 글자에 따라 음이 달라진다. 이 「っ」음은 〈か, さ, た, ぱ행〉의 위에만 오며 쓰는 요령은 「요오옹(拗音)」과 같다.

① 〈か행〉 위에서는 「ㄱ」받침이 된다.
　　(예) がっこう〔각꼬오〕: 학교　びっくり〔빅꾸리〕: 깜짝(놀라는 모양)
　　　　はっきり〔학끼리〕: 확실히
② 〈さ행〉 위에서는 「ㅅ」받침이 된다.
　　(예) ざっし〔잣시〕: 잡지　さっそく〔삿소꾸〕: 재빠르게
③ 〈た행〉 위에서는 「ㄷ」받침이 된다.
　　(예) まったく〔맏따꾸〕: 참으로　もっと〔몯또〕: 더욱　パイロット〔빠이롣또〕: 파일러트
④ 〈ぱ행〉 위에서는 「ㅂ」받침이 된다.
　　(예) しっぱい〔십빠이〕: 실패　いっぱい〔입빠이〕: 가득히

(7) 죠오옹 : ちょうおん(장음〈長音〉): 길게 발음하는 것을 「죠오옹(長音)」이라 하는데 일본어에서는 같은 〈단〉에서 〈あ행〉의 글자를 연속시켜서 나타내는 것을 원칙으로 하고 있다.
　　(예) ああ〔아ー〕: 감탄사,　いいえ〔이ー에〕아니오,　ええ〔에ー〕: 예
단, 〈お단〉의 발음을 길게 할 때만은 「お」 대신에 「う」를 써서 나타내고 있다.
　　(예) こう〔고오〕: 이렇게. ※〔고우〕라고 읽지 않음.
　　　　どう〔도오〕: 어떻게. ※〔도우〕라고 읽지 않음.

일본어 펜글씨 쓰는 법

(1) 일본어의 자체 (字體)

일본어에는 「カタカナ(가다까나)」와 「ひらがな(히라가나)」의 두 가지 종류의 글자가 있다.

일본어는 「고쥬우옹(五十音)」이라고 해서 각각 50개의 글자로 이루어져 있지만, 중복된 글자나 지금은 쓰이지 않는 글자들이 있어서 이들을 빼고 나면 실제로는 각각 46자씩만 있어, 모두 92개의 자체 (字體)가 있는 셈이다.

여기에 「다꾸옹(濁音)」, 「한다꾸옹(半濁音)」, 「요오옹(拗音)」, 그리고 「소꾸옹(促音)」까지 익혀야 일본 글을 쓸 수가 있는 것이지만, 「다꾸옹」과 「한다꾸옹」은 다만 「゛」나 「゜」가 더 붙을 따름이며, 「요오옹」이나 「소꾸옹」은 「고쥬우옹(五十音)」안에 있는 글자 중에서 「や, よ, ゆ」와 「つ」를 크기를 줄이고 위치를 어느 한쪽(종서는 오른쪽, 횡서는 아래쪽)으로 약간 쳐지게 쓰면 되니까 실제로 펜글씨를 익히기 위해서는 먼저 「가다까나」와 「히라가나」의 92자를 익혀야 한다.

「カタカナ(가다까나)」는 일반적으로 많이 쓰이지 않고 외래어를 표기하거나 특수한 경우에만 쓰이며, 또 자체 (字體)가 직선적이고 단조로와서 쓰기가 쉽다.

그러나 일반적으로 사용되고 있는 「ひらがな(히라가나)」는 글자 자체가 영어의 「필기체」와 같은 흘림꼴이어서 쓰기가 조금 어려운 것이다.

원래 「히라가나」는 한자의 초서 (草書)를 바탕으로 해서 만들어진 글자이다.

한자의 초서 (草書)는 붓글씨를 전제로 한 필법 (筆法)이어서 서도 (書道)에 정통을 둔 것이다. 이러한 한자의 초서 (草書)를 더 흘려서 정한 글자가 「히라가나」이므로, 붓이 아니면 펜으로 써도 쓴 사람의 개성이 드러날 뿐만 아니라 일본 글자 특유의 운치도 풍기게 되는 것이다.

(2) 펜글씨의 특징

펜글씨의 특징은 선(線)이 가늘다는데 있다. 따라서 글자의 크기에 제약이 있으나 자획 (字劃)이 분명히 구별되고 간편하게 쓸 수 있으므로 장부나 서류, 그외에 편지 등 일상생활의 실용적이고 사무적인 면에서 능률을 올릴 수 있다.

붓글씨가 취미를 살리는 예술적인 면에 중점을 둔 것이라면 펜글씨는 실용적인 면에 중점을 둔 것이라 하겠다.

(3) 펜글씨의 요령

1) 좋은 용구를 고르자.

펜글씨를 쓰기 위해서는 펜촉, 펜대, 잉크, 종이의 4가지 용구의 질이 문제가 된다.

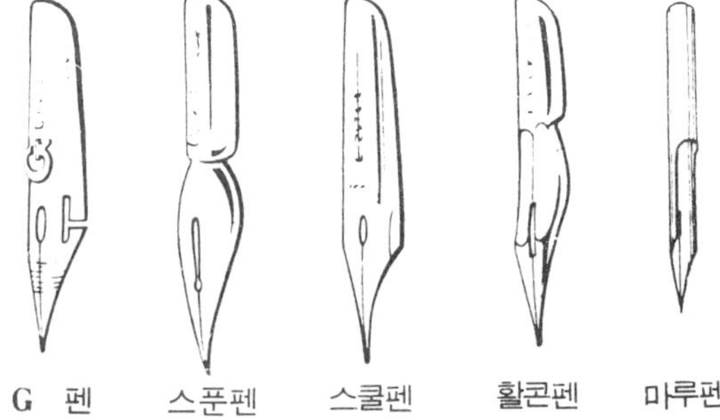

■ 펜 촉…대충 다음과 같은 종류가 있다.

① **G펜**…아라비아숫자나 로마자를 쓰는데 알맞다. 「초서체 (草書體)」가 아니라면 한자를 쓰기에도 좋다.

② **스푼펜**…끝쪽이 둥글게 되어 있어 미끄러지듯 쓸 수가 있어 かな가 섞인 한자를 쓰는데 알맞다.

③ **스쿨펜**…G펜의 축소형이라고 볼 수 있는 것인데 가느다란 글씨를 쓰기에 편리하다.

④ **일문(日文)펜**…스푼펜의 축소형이라고 볼 수 있는데 촉의 끝도 동그랗게 되어 있어 일본글을 쓰기에 가장 알맞은 것이다.

펜촉은 끝부분이 가지런하고, 쪼개진 사이가 일직선이며 살짝 맞붙은 것을 선택해야 한다.

글씨를 쓸 때는 부드러운 종이나 헝겊에촉의 끝부분을 살짝 문지른 후에 쓰면 잉크가 알맞게 묻는다. 또 사용한 후에는 깨끗이 잉크를 씻도록 해야 한다.

■ 펜 대…여러 가지가 있으나 손으로 잡는 부분의 굵기가 1 cm정도, 길이가 17~8 cm 쯤 되는 것이 좋다.

■ 잉 크…조잡한 제품은 색상이 좋지 않을 뿐만 아니라 금방 변색이 되거나 펜촉을 녹슬게 하므로 유명회사의 제품을 골라쓰는 것이 좋다.

■ 용 지…펜촉이 금속이므로 면이 거칠거칠한 종이보다 매끈한 것을 골라서 쓰는 것이 좋다.

2) 펜대를 올바르게 잡자.

펜글씨는 가늘기 때문에 검지 손가락으로 감싸듯이 잡는다. 그리하여 글씨를 쓰기에 알맞은 각도로 기울인다.

흔히 펜글씨를 쓰기에 알맞은 펜대의 기울

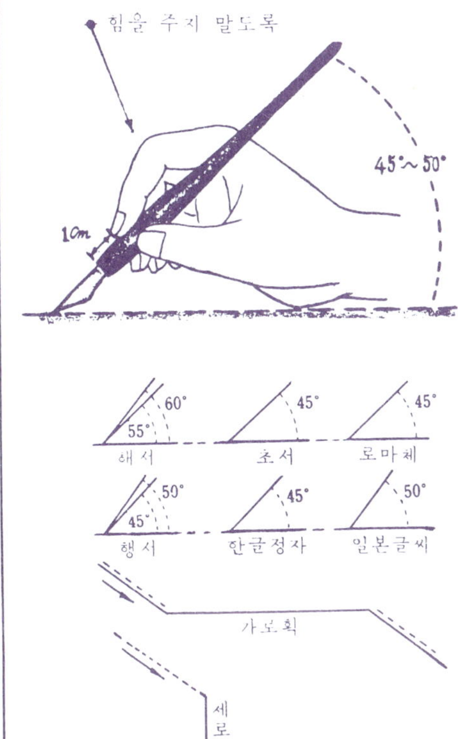

기를 45도라고 하지만 이것은 영어를 쓰는각도이지 일본어를 쓰기에는 알맞지 않다.

일본 글자는 영어와 달라서 한획을 그은 다음에 펜이 종이에서 떨어져야 할 경우가 있고, 또 획과 획 사이나 글자와 글자 사이를 떼는 데도 가볍고 무거움, 굵고 가는 여러가지 변화가 있으므로 영어처럼 45도의 각도라고 일률적으로 말할 수는 없지만 대충 50도에서 55도가 알맞다고 본다.

3) 글씨의 위차와 조화의 미를 찾자.

글씨는 중심이 일정하게 흘러내려야 한다. 글씨의 중심이 이리 왔다 저리 갔다 해서는 보기에 우스꽝스럽게 된다.

또 글자는 여러 개의 선과 점이 모여서 이루어진 것이다. 그러므로 상하좌우의 여러 선과 점은 중심을 기준점으로 삼아 조화를 이루어야 보기 좋은 것이다. 이 「조화의 미」가 깨뜨려졌을 때, 그 글씨는 아름답게 보이지는 않을 것이다.

획수가 간단한 것은 저절로 글자가 작아지기 마련이다. 인쇄된 활자와 펜글씨의 차이점이 바로 여기에 있다. 따라서 연습과정에서부터 글자 하나하나에 대하여 이런한 선과 점의 조화관계를 생각하면서 펜을 들어야 한다.

4) 필순을 정확하게 알고 쓰자.

글자의 형태를 이루고 있는 선(획)이나 점의 배열 순서를 필순이라고 한다. 한자에서 필순이 중요한 것처럼 한글이나 일본어 역시 글씨를 쓰는데 있어서도 필순은 중요한 것이다.

필순은 글자가 이루어지는 오랜 과정에서 자연스럽게 결정된 것이므로 잘 익힐 필요가 있다. 손가락이 자연스럽게 움직이도록 배열순서가 정해진 것이므로 속필(速筆)을 하는데 있어서도 합리적이고 또 필순에 따라서 글씨를 써야만 제대로 「조화의 미」를 찾을 수 있는 것이다.

이 책에서도 바로 다음 페이지부터 매 글자마다 필순을 명시하였으므로 이를 완벽하게 익혀야 한다.

가다까나 쓰기

〔보기〕 먼저 왼편에 있는 큰 글자의 쓰는 순서 표시를 관찰 한 다음 "보기"의 요령에 따라 써 봅시다.

〔요령〕	ア	이 칸은 주어진 점선 위에 덮어 씁니다.
		본 글씨를 보고 여러분 스스로의 힘으로 써보도록 합시다.

ア 아 (a)	ア	ア	ア	ア	ア	ア	ア	ア	ア
イ 이 (i)	イ	イ	イ	イ	イ	イ	イ	イ	イ
ウ 우 (u)	ウ	ウ	ウ	ウ	ウ	ウ	ウ	ウ	ウ
エ 에 (e)	エ	エ	エ	エ	エ	エ	エ	エ	エ
オ 오 (o)	オ	オ	オ	オ	オ	オ	オ	オ	オ
カ 가 (ka)	カ	カ	カ	カ	カ	カ	カ	カ	カ

	キ キ キ キ キ キ キ キ キ
キ 기 (ki)	
ク 구 (ku)	ク ク ク ク ク ク ク ク ク
ケ 게 (ke)	ケ ケ ケ ケ ケ ケ ケ ケ ケ
コ 고 (ko)	コ コ コ コ コ コ コ コ コ
サ 사 (sa)	サ サ サ サ サ サ サ サ サ
シ 시 (shi)	シ シ シ シ シ シ シ シ シ
ス 스 (su)	ス ス ス ス ス ス ス ス ス

セ	セ	セ	セ	セ	セ	セ	セ	セ	セ
세 (se)									
ソ	ソ	ソ	ソ	ソ	ソ	ソ	ソ	ソ	ソ
소 (so)									
タ	タ	タ	タ	タ	タ	タ	タ	タ	タ
다 (ta)									
チ	チ	チ	チ	チ	チ	チ	チ	チ	チ
찌 (chi)									
ツ	ツ	ツ	ツ	ツ	ツ	ツ	ツ	ツ	ツ
쓰 (tsu)									
テ	テ	テ	テ	テ	テ	テ	テ	テ	テ
데 (te)									
ト	ト	ト	ト	ト	ト	ト	ト	ト	ト
도 (to)									

ナ 나 (na)	ナ	ナ	ナ	ナ	ナ	ナ	ナ	ナ	ナ
ニ 니 (ni)	ニ	ニ	ニ	ニ	ニ	ニ	ニ	ニ	ニ
ヌ 누 (nu)	ヌ	ヌ	ヌ	ヌ	ヌ	ヌ	ヌ	ヌ	ヌ
ネ 네 (ne)	ネ	ネ	ネ	ネ	ネ	ネ	ネ	ネ	ネ
ノ 노 (no)	ノ	ノ	ノ	ノ	ノ	ノ	ノ	ノ	ノ
ハ 하 (ha)	ハ	ハ	ハ	ハ	ハ	ハ	ハ	ハ	ハ
ヒ 히 (hi)	ヒ	ヒ	ヒ	ヒ	ヒ	ヒ	ヒ	ヒ	ヒ

フ									
후 (fu)	フ	フ	フ	フ	フ	フ	フ	フ	フ
ヘ									
헤 (he)	ヘ	ヘ	ヘ	ヘ	ヘ	ヘ	ヘ	ヘ	ヘ
ホ									
호 (ho)	ホ	ホ	ホ	ホ	ホ	ホ	ホ	ホ	ホ
マ									
마 (ma)	マ	マ	マ	マ	マ	マ	マ	マ	マ
ミ									
미 (mi)	ミ	ミ	ミ	ミ	ミ	ミ	ミ	ミ	ミ
ム									
무 (mu)	ム	ム	ム	ム	ム	ム	ム	ム	ム
メ									
메 (me)	メ	メ	メ	メ	メ	メ	メ	メ	メ

モ	モ	モ	モ	モ	モ	モ	モ	モ	モ
모 (mo)									

| ヤ | ヤ | ヤ | ヤ | ヤ | ヤ | ヤ | ヤ | ヤ | ヤ |
| 야 (ya) | | | | | | | | | |

| イ | イ | イ | イ | イ | イ | イ | イ | イ | イ |
| 이 (i) | | | | | | | | | |

| ユ | ユ | ユ | ユ | ユ | ユ | ユ | ユ | ユ | ユ |
| 유 (yu) | | | | | | | | | |

| エ | エ | エ | エ | エ | エ | エ | エ | エ | エ |
| 에 (e) | | | | | | | | | |

| ヨ | ヨ | ヨ | ヨ | ヨ | ヨ | ヨ | ヨ | ヨ | ヨ |
| 요 (yo) | | | | | | | | | |

| ラ | ラ | ラ | ラ | ラ | ラ | ラ | ラ | ラ | ラ |
| 라 (ra) | | | | | | | | | |

リ **2**	リ	リ	リ	リ	リ	リ	リ	リ	リ
리 (ri)									
ル **2**	ル	ル	ル	ル	ル	ル	ル	ル	ル
루 (ru)									
レ	レ	レ	レ	レ	レ	レ	レ	レ	レ
레 (re)									
ロ **3**	ロ	ロ	ロ	ロ	ロ	ロ	ロ	ロ	ロ
로 (ro)									
ワ **2**	ワ	ワ	ワ	ワ	ワ	ワ	ワ	ワ	ワ
와 (wa)									
ヲ **3**	ヲ	ヲ	ヲ	ヲ	ヲ	ヲ	ヲ	ヲ	ヲ
오 (o)									
ン **2**	ン	ン	ン	ン	ン	ン	ン	ン	ン
응 (n)									

ガ	ガ	ガ	ガ	ガ	ガ	ガ	ガ	ガ

가 (ga)

ギ	ギ	ギ	ギ	ギ	ギ	ギ	ギ	ギ

기 (gi)

グ	グ	グ	グ	グ	グ	グ	グ	グ

구 (gu)

ゲ	ゲ	ゲ	ゲ	ゲ	ゲ	ゲ	ゲ	ゲ

게 (ge)

ゴ	ゴ	ゴ	ゴ	ゴ	ゴ	ゴ	ゴ	ゴ

고 (go)

ザ	ザ	ザ	ザ	ザ	ザ	ザ	ザ	ザ

자 (za)

ジ	ジ	ジ	ジ	ジ	ジ	ジ	ジ	ジ

지 (ji)

ズ	ズ	ズ	ズ	ズ	ズ	ズ	ズ	ズ	ズ
즈 (zu)									
ゼ	ゼ	ゼ	ゼ	ゼ	ゼ	ゼ	ゼ	ゼ	ゼ
제 (ze)									
ゾ	ゾ	ゾ	ゾ	ゾ	ゾ	ゾ	ゾ	ゾ	ゾ
조 (zo)									
ダ	ダ	ダ	ダ	ダ	ダ	ダ	ダ	ダ	ダ
다 (da)									
ヂ	ヂ	ヂ	ヂ	ヂ	ヂ	ヂ	ヂ	ヂ	ヂ
지 (ji)									
ヅ	ヅ	ヅ	ヅ	ヅ	ヅ	ヅ	ヅ	ヅ	ヅ
즈 (zu)									
デ	デ	デ	デ	デ	デ	デ	デ	デ	デ
데 (de)									

ド	ド	ド	ド	ド	ド	ド	ド	ド	ド
도 (do)									
バ	バ	バ	バ	バ	バ	バ	バ	バ	バ
바 (ba)									
ビ	ビ	ビ	ビ	ビ	ビ	ビ	ビ	ビ	ビ
비 (bi)									
ブ	ブ	ブ	ブ	ブ	ブ	ブ	ブ	ブ	ブ
부 (bu)									
ベ	ベ	ベ	ベ	ベ	ベ	ベ	ベ	ベ	ベ
베 (be)									
ボ	ボ	ボ	ボ	ボ	ボ	ボ	ボ	ボ	ボ
보 (bo)									
パ	パ	パ	パ	パ	パ	パ	パ	パ	パ
파 (pa)									

ピ	ピ	ピ	ピ	ピ	ピ	ピ	ピ	ピ	ピ
피 (pi)									

プ	プ	プ	プ	プ	プ	プ	プ	プ	プ
푸 (pu)									

ペ	ペ	ペ	ペ	ペ	ペ	ペ	ペ	ペ	ペ
페 (pe)									

ポ	ポ	ポ	ポ	ポ	ポ	ポ	ポ	ポ	ポ
포 (po)									

히라가나 쓰기

히라가나는 가다까나와는 판이하게 그 모양이 부드럽고 둥글며 특히 획과 획을 연면되게 쓴다.

    (1) 모든 획의 기필은 모나지 않게 부드러운 기분이 나도록 할 것.

    (2) あかひめ 등 돌리는 부분을 모나지 않게 둥그스름하게 할 것.

(3) 수필의 (こ) 멈추는 것과 (つ) 삐치는 부분을 확실이 구분하여 쓸 것.

あ	あ	あ	あ	あ	あ	あ	あ	あ	あ
아 ア									

い	い	い	い	い	い	い	い	い	い	い
이 イ										

う	う	う	う	う	う	う	う	う	う
우 ウ									
え	え	え	え	え	え	え	え	え	え
에 エ									
お	お	お	お	お	お	お	お	お	お
오 オ									
か	か	か	か	か	か	か	か	か	か
가 カ									
き	き	き	き	き	き	き	き	き	き
기 キ									
く	く	く	く	く	く	く	く	く	く
구 ク									
け	け	け	け	け	け	け	け	け	け
게 ケ									

	연습
こ 고　コ	こ　こ　こ　こ　こ　こ　こ　こ　こ
さ 사　サ	さ　さ　さ　さ　さ　さ　さ　さ　さ
し 시　シ	し　し　し　し　し　し　し　し　し
す 스　ス	す　す　す　す　す　す　す　す　す
せ 세　セ	せ　せ　せ　せ　せ　せ　せ　せ　せ
そ 소　ソ	そ　そ　そ　そ　そ　そ　そ　そ　そ
た 다　タ	た　た　た　た　た　た　た　た　た

ち	ち ち ち ち ち ち ち ち ち
찌 チ	
つ	つ つ つ つ つ つ つ つ つ つ
쓰 ツ	
て	て て て て て て て て て
데 テ	
と	と と と と と と と と と
도 ト	
な	な な な な な な な な な
나 ナ	
に	に に に に に に に に に
니 ニ	
ぬ	ぬ ぬ ぬ ぬ ぬ ぬ ぬ ぬ ぬ
누 ヌ	

ね 네 ネ	ね	ね	ね	ね	ね	ね	ね	ね
の 노 ノ	の	の	の	の	の	の	の	の
は 하 ハ	は	は	は	は	は	は	は	は
ひ 히 ヒ	ひ	ひ	ひ	ひ	ひ	ひ	ひ	ひ
ふ 후 フ	ふ	ふ	ふ	ふ	ふ	ふ	ふ	ふ
へ 헤 ヘ	へ	へ	へ	へ	へ	へ	へ	へ
ほ 호 ホ	ほ	ほ	ほ	ほ	ほ	ほ	ほ	ほ

ま 마 マ	ま	ま	ま	ま	ま	ま	ま	ま	ま
み 미 ミ	み	み	み	み	み	み	み	み	み
む 무 ム	む	む	む	む	む	む	む	む	む
め 메 メ	め	め	め	め	め	め	め	め	め
も 모 モ	も	も	も	も	も	も	も	も	も
や 야 ヤ	や	や	や	や	や	や	や	や	や
い 이 イ	い	い	い	い	い	い	い	い	い

ゆ 유　ユ	ゆ	ゆ	ゆ	ゆ	ゆ	ゆ	ゆ	ゆ	ゆ
え 에　エ	え	え	え	え	え	え	え	え	え
よ 요　ヨ	よ	よ	よ	よ	よ	よ	よ	よ	よ
ら 라　ラ	ら	ら	ら	ら	ら	ら	ら	ら	ら
り 리　リ	り	り	り	り	り	り	り	り	り
る 루　ル	る	る	る	る	る	る	る	る	る
れ 레　レ	れ	れ	れ	れ	れ	れ	れ	れ	れ

ろ 로 ㅁ	ろ	ろ	ろ	ろ	ろ	ろ	ろ	ろ	ろ
わ 와 ワ	わ	わ	わ	わ	わ	わ	わ	わ	わ
い 이 イ	い	い	い	い	い	い	い	い	い
う 우 ウ	う	う	う	う	う	う	う	う	う
え 에 エ	え	え	え	え	え	え	え	え	え
を 오 ヲ	を	を	を	を	を	を	を	を	を
ん 응 ン	ん	ん	ん	ん	ん	ん	ん	ん	ん

が	が	が	が	が	が	が	が	が	が
가 ガ									
ぎ	ぎ	ぎ	ぎ	ぎ	ぎ	ぎ	ぎ	ぎ	ぎ
기 ギ									
ぐ	ぐ	ぐ	ぐ	ぐ	ぐ	ぐ	ぐ	ぐ	ぐ
구 グ									
げ	げ	げ	げ	げ	げ	げ	げ	げ	げ
게 ゲ									
ご	ご	ご	ご	ご	ご	ご	ご	ご	ご
고 ゴ									
だ	だ	だ	だ	だ	だ	だ	だ	だ	だ
다 ダ									
ぢ	ぢ	ぢ	ぢ	ぢ	ぢ	ぢ	ぢ	ぢ	ぢ
지 ヂ									

づ	づ	づ	づ	づ	づ	づ	づ	づ	づ
즈/ズ									
で	で	で	で	で	で	で	で	で	で
메/デ									
ど	ど	ど	ど	ど	ど	ど	ど	ど	ど
도/ド									
ざ	ざ	ざ	ざ	ざ	ざ	ざ	ざ	ざ	ざ
자/ザ									
じ	じ	じ	じ	じ	じ	じ	じ	じ	じ
지/ジ									
ず	ず	ず	ず	ず	ず	ず	ず	ず	ず
즈/ズ									
ぜ	ぜ	ぜ	ぜ	ぜ	ぜ	ぜ	ぜ	ぜ	ぜ
제/ゼ									

ぞ	ぞ	ぞ	ぞ	ぞ	ぞ	ぞ	ぞ	ぞ	ぞ
조 ゾ									
ば	ば	ば	ば	ば	ば	ば	ば	ば	ば
바 バ									
び	び	び	び	び	び	び	び	び	び
비 ビ									
ぶ	ぶ	ぶ	ぶ	ぶ	ぶ	ぶ	ぶ	ぶ	ぶ
부 ブ									
べ	べ	べ	べ	べ	べ	べ	べ	べ	べ
베 ベ									
ぼ	ぼ	ぼ	ぼ	ぼ	ぼ	ぼ	ぼ	ぼ	ぼ
보 ボ									
ぽ	ぽ	ぽ	ぽ	ぽ	ぽ	ぽ	ぽ	ぽ	ぽ
포 ポ									

きゃ 갸	きゃ	きゃ	きゃ	きゃ	きゃ					
きゅ 규	きゅ	きゅ	きゅ	きゅ	きゅ					
ぎょ 교	ぎょ	ぎょ	ぎょ	ぎょ	ぎょ					
しゃ 샤	しゃ	しゃ	しゃ	しゃ	しゃ					
しゅ 슈	しゅ	しゅ	しゅ	しゅ	しゅ					
じょ 죠	じょ	じょ	じょ	じょ	じょ					
ちゃ 쟈	ちゃ	ちゃ	ちゃ	ちゃ	ちゃ					

ちゅ 쥬	ちゅ	ちゅ	ちゅ	ちゅ	ちゅ					
じょ 죠	じょ	じょ	じょ	じょ	じょ					
にゃ 냐	にゃ	にゃ	にゃ	にゃ	にゃ					
みゅ 뮤	みゅ	みゅ	みゅ	みゅ	みゅ					
ひゃ 햐	ひゃ	ひゃ	ひゃ	ひゃ	ひゃ					
びゅ 뷰	びゅ	びゅ	びゅ	びゅ	びゅ					
ぴょ 표	ぴょ	ぴょ	ぴょ	ぴょ	ぴょ					

책		상　자		의　자		책　상		잡　지	
홍		하꼬		이스		쓰꾸에		잣시	
ぼん	ぼん	はこ	はこ	いす	いす	つくえ	つくえ	ざっし	ざっし

낱말　쓰기

시 계	모 자	백 묵	흑 판	지 우 개
도께이	보오시	하꾸보꾸 분필	고꾸방	게시고무

とけい	ぼうし	はくぼく	こくばん	けしゴム

돼지	고양이	말	쥐	기 린
부따	네꼬	우마	네즈미	기링
ぶた	ねこ	うま	ねずみ	きりん

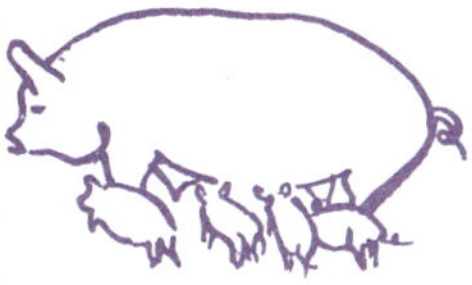

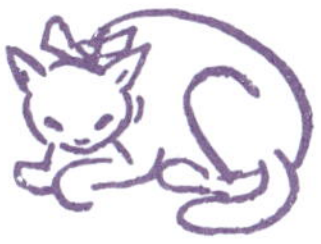

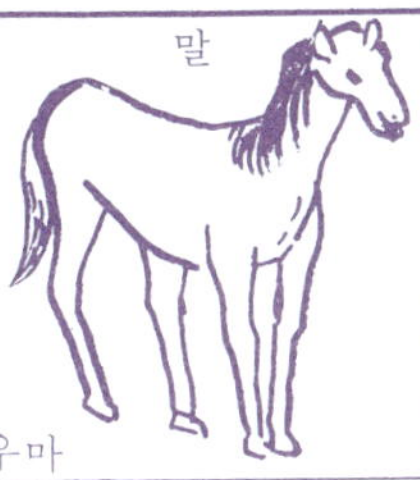

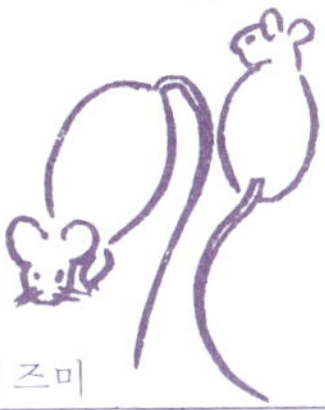

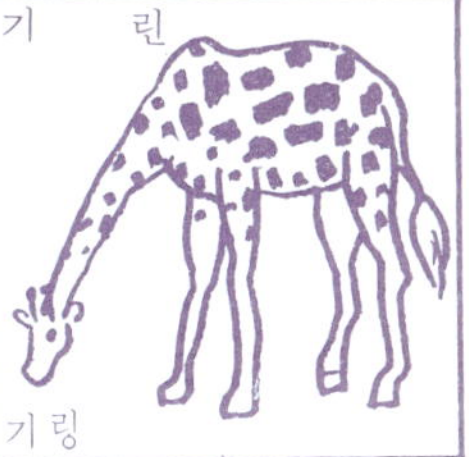

편지		꽃병		수건		주판		병아리	
데가미		가빙		데누구이		소로방		히요꼬	
てがみ	てがみ	かびん	かびん	てぬぐい	てぬぐい	そろばん	そろばん	ひよこ	ひよこ

소	코끼리	낙 타	제 비	개 구 리
우시	조오	라꾸다	쓰 바메	가에루
うし	ぞう	らくだ	つばめ	かえる

능금	포도	수 박	딸 기	연 기
링고	부또오	스이까	이찌고	게무리
りんご	ぶどう	すいか	いちご	けむり

그림엽서	붉은 장미	장 갑	눈이 온다	목걸이
에하가끼	아까이 바라	데부꾸로	유끼가 후루	구비까자리

絵はがき	赤いばら	手ぶくろ	雪がふる	首かざり

기레이데스. / きれいです								
무즈까시이. / むずかしい								
혼또니. / ほんとに								
미가이떼. / みがいて								
후이따리. / ふいたり								

☆ 곱습니다. 깨끗합니다　☆ 어렵다.　☆ 정말로.　☆ 닦아서　☆ 닦거나

あります	あります										아리마스。
いますか	いますか										이마스까。
どなたから	どなたから										도나따까라。
ありません	ありません										아리마셍。
かきました	かきました										가끼마시따。

☆ 있읍니다.　　☆ 있읍니까?　　☆ 어느분으로부터　　☆ 없읍니다.　　☆ 썼읍니다.

このかたはどなたですか

あなたが先生ですか

☆ 이 분은 누구십니까?　　☆ 당신이 선생님입니까?

ここに　紙が　あります

ここに　紙が　あります

きょうは　暖かいです

きょうは　暖かいです

☆ 여기에 종이가 있읍니다.　　☆ 오늘은 따뜻합니다.

山本さんはどこにいますか

山本さんはどこにいますか

どちらの方が美しいですか

どちらの方が美しいですか

☆ 야마모또씨는 어디에 있읍니까?　　☆ 어느 편이 아름답습니까?

みんなで　いくつ　ありますか

絵はがきは　一枚しか　ありません

민나데 이꾸쓰 아리마스까.

에하가끼와 이찌마이시까 아리마셍.

☆ 모두 몇개 있읍니까?　　☆ 그림엽서는 한 장밖에 없읍니다.

靜かな お寺です

學生が 三人しかいません

☆ 조용한 절입니다.　　　☆ 학생이 세 사람밖에 없습니다.

ミルクを　飲みます

外國語を　習います

☆ 밀크를 마십니다.　　☆ 외국어를 배웁니다.

八時に　勉強をします

八時に　勉強をします

하찌지니 벵꼬오 시마스。

雨でどこへも　行きません

雨でどこへも　行きません

아미데 도꼬헤모 이끼마셍。

☆여덟 시에 공부를 합니다.　　☆비때문에 아무데도 가지 않읍니다.

おぢさんに返事を書きました。

おぢさんに返事を書きました。

けさ先生に手紙を書きました。

けさ先生に手紙を書きました。

오지산니 헨지오 가까마시따。

게사 센세이니 데가미오 가까마시따。

☆ 아저씨에게 답장을 썼읍니다.　　☆ 오늘 아침 선생님에게 편지를 썼읍니다.

英語が　日本語より　むずかしいです

英語が　日本語より　むずかしいです

☆ 영어가 일본어보다 어렵습니다.

三十分ぐらい、散歩をしました。

友たちに会いに出かけました。

☆ 삼십 분쯤 산보를 했읍니다.

☆ 친구를 만나러 나갔읍니다.

運動はあまり好きではありません

運動はあまり好きではありません

☆ 운동은 그다지 좋아하지 않습니다.

まんねんひつか　ボールペンで　書きます

☆ 만년필이나 볼펜으로 씁니다.

だんだん寒くなりました

木が緑色になりました

☆ 점점 추워졌읍니다.　　☆ 나무가 푸른색이 되었읍니다.

水曜日から 土曜日まで 授業です

수이요오비까라 도요오비마데 쥬교오데스。

☆ 수요일부터 토요일까지 수업입니다.

この辞書は便利でいいです

고노 지쇼와 벤리데 이이데스。

この庭は広くて美しいです

고노니와와 히로꾸데 우쯔꾸시이데스。

☆ 이 사전은 편리하고 좋습니다.　　☆ 이 마당은 넓고 아름답습니다.

鳥が鳴き　花がさきます

遠く見えるのが　漢江です

☆ 새가 울고 꽃이 핍니다.　　　☆ 멀리 보이는 것이 한강입니다.

朝起きるのが七時です

朝起きるのが七時です

しばらく休んで宿題をしました。

しばらく休んで宿題をしました。

☆아침 일어나는 것이 일곱 시입니다.　　☆한 동안 쉬었다 숙제를 했읍니다.

あなたのたんじょう日は あさってでしょう

あなたのたんじょう日は あさってでしょう

☆ 당신의 생일은 모레 이지요.

一月	睦月(むつき)	二月	如月(きさらぎ)	三月	彌生(やよい)

三月 彌生(やよい)

早春・孟春・
소오슌. 모오슌.

やがて桜もほころびはじめること。
머지 않아 벗꽃도 피어나기 시작할 것으로
야가떼 사꾸라모 호꼬로비 하지메루꼬또.

急に春めいてきました。
갑자기 봄다와 졌읍니다.
규우니 하루메이떼 기마시다.

日増しに暖くなりました。
날이 갈수록 따뜻해 졌읍니다.
히마시니 아따따까꾸 나리마시따.

二月 如月(きさらぎ)

どことなく春らしい気分がただよう感じとなりました。
어딘지 모르게 봄 같은 기운이 풍기는 느낌입니다.
도꼬또나꾸 하루라시이 기붕가 다다요우 간지또 나리마시따.

一月 睦月(むつき)

今年は近年にない寒さですが。
올해는 근년에 없는 추위입니다만
곤넹와 긴넨니 나이 사무사데스가.

星も凍る寒い夜。
별도 얼듯한 추운 밤.
호시모 고오루 사무이 요루.

新春とは申しながら、まだ堪えがたい寒さでございます。
신춘이라고는 하지만 아직 견디기 어려운 추위입니다.
신슌또와 모오시나가라 마다 다에가따이 사무사데 고자이마스.

四月　　卯月(うづき)	五月　　皐月(さつき)	六月　　水無月(みなづき)

四月　卯月(うづき)

春眠あかつきを覚えずとか。　春光うららかに

봄의 졸림은 새벽을 깨닫지 못 한다든가.
슌밍아까쓰끼오 오보에즈또까.

봄빛 화창하게
슌꼬오 우라라까니

五月　皐月(さつき)

新緑が野山にもえている今日このごろ。　行く春。

신록이 들과 산에 짙어 있는 오늘 이즈음
신료꾸가 노야마니 모에떼이루 곤니찌고노고로.

가는 봄。
이꾸 하루。

六月　水無月(みなづき)

雨にぬれた、緑の色はいっそう新鮮な美しさです。

비에 젖은 푸른 색은 더한층 신선한 아름다움입니다.
아메니 누레따 미도리노 이로와 잇소우신센나 우쓰꾸시사데스。

はいよ田植えがはじまりました。毎日ゆううつな空もようがつづきます。

드디어 모심기가 시작되었읍니다.
이요이요 다우에가 하지마리마시따.

매일 우울한 날씨가 계속됩니다.
마이니찌 유우우쓰나 소라모요가 쓰즈끼마스。

七月　文月(ふみづき)	八月　葉月(はづき)	九月　長月(ながづき)

七月　文月(ふみづき)

いよいよ真夏になりました。
드디어 한 여름이 되었읍니다。
이요이요 마나쓰니 나리마시따。

草も木も生気を失うような暑さです。
풀도 나무도 생기를 잃을 듯한 더위입니다。
구사모 기모 세이끼오 우시나우요오나 아쓰사데스。

二、三日の暑さで アスファ
요즘 이삼일의 더위로 아스팔트도 녹을 정도입니다。
고꼬니산니찌노 아쓰사데 아스화

ルトも溶けるほどです。
루또모 도께루호도데스。

八月　葉月(はづき)

立秋とは名ばかり いつでも残暑がきびしくて。
입추라고는 이름뿐 언제까지나 잔서가 따가워서
릿슈또와 나바까리 이쓰마데모 잔쇼가 기비시꾸떼。

晩夏。
늦여름。
방까。

九月　長月(ながづき)

となりました。
또 나리마시따。

日ましに秋の深まる気配を感じる今日このごろ。
날이 갈수록 가을이 깊어지는 기미를 느끼게 하는 오늘 이즈음。
히마시니 아끼노 후까마루 기하이오 간지루 곤니찌고노고로。

ようやくしのぎよい季節になりました。
겨우 견디기 좋은 계절이 되었읍니다。
요오야꾸 시노기요이 기세쓰니 나리마시따。

灯火親しむの候
등화 가친의 계절이 되었읍니다。
도오까시따시무노고오

十月　神無月(かんなづき)	十一月　霜月(しもづき)	十二月　師走(しわす)
秋の気配が日に日に深まってまいります。　仲秋。	日増しに寒さが加わってまいりました。　うららかな　小春 日和がつづきます。白菊の香り高い今日このごろ。　晩秋。	いよいよ本格的な寒さとなりました。　街々はクリスマスの装いも美しく
가을의 기미가 하루 하루 깊어오고 있읍니다。 아끼노 기하이가 히니히니 후까맏떼 마이리마스。 중추。 쮸우슈우。	날이 갈수록 추위가 더해오고 있읍니다。 히마시니 사무사가 구와왇떼 마이리마스。 화창한 봄날씨가 계속합니다。 우라라까나 쇼오순 좋은 날씨가 계속됩니다。 히요리가 쓰즈끼마스。 백국의 향기 드높은 오늘 이즈음。 시로기꾸노 가오리다까이 곤니찌 고노고로。 만추。반슈우。	드디어 본격적인 추위가 되었읍니다。 이요이요 홍가꾸떼끼나 사무사또 나리마시따。 거리 거리는 크리스마스의 치장도 아름답게 가이가이와 구리스마스노 요소오이모 우쓰꾸시꾸。

名産である、かき・くり・くるみなど、その実が所得となる

とくに、近ごろでは、政府側の奨励によって．韓国の

특히 요즈음은 정부측의 장려로 말미암아 한국의 명산인 감・밤・호도 등 그 열매가 소득이 되는

도꾸니, 지가고로데와, 세이후까와노 쇼오레이니 욧데, 강꼬꾸노
메이산데아루, 가끼, 구리, 구루미나도, 소노미가쇼또꾸또나루

希望にみちた　前進の波に　太極旗ははためいている。

苗木をどしどし　野山に植えつけるようになりました。

묘목을 계속 야산에 심게 되었읍니다. 희망에 넘치는 전진의 물결에 태극기는 나부끼고 있읍니다.

나에기오 도시도시 노야마니 우에쓰께루요오니 나리마시따.

기보오니 밋찌따 젠신노 나미니 다이교꾸끼와 하따메이떼 이루.

No. 27

上様

正に金六百円也 領収書

但し書籍代として収

一九七三年五月二十日 収致しました。

金山市太方洞三ン番地

金山書店 印

加藤武雄著
「手紙の書き方」

貴店御発行の下記書籍一冊
御送付被下度、代金及び送料とも
表記の通り御送金申上げます。

加藤武雄 著
「편지 쓰는 법」
귀점 발행의 위 서적 한 권 송부해 주십시오.
대금 및 송료까지 표기와 같이 송금해 드렸습니다.

謹んで新年の御祝詞を申しあげます。
ご一同様のご健康と、ご多幸をお祈り申しあげます。
昨年中は、いろいろとお世話になり、あつく御礼を申しあげます。本年もなにとぞよろしくご指導のほど、お願い申しあげます。

삼가 신년의 축하 말씀을 드립니다.
여러 분들의 건강과 다행하심을 빕니다.
작년중은 여러 가지로 신세를 끼쳤으며, 깊이 감사를 드립니다.
올해도 아무쪼록 잘 지도해 주시기 부탁 드립니다.

暑中お見舞い申しあげます。
毎年のことながら、今夏はいちだんと暑さが
ひどいのではないかと疑います。先生にはもうご
休暇中、恒例の川遊びにおでかけになりまし
たか、大きなむぎわら帽の下の日焼けされたお
顔を想像しながら、私も元気でソロバンをは
じも、汗を拭き拭き執務しております。

복중 문안 드립니다.
매년의 일이오나 올해는 더 한층 더위가 심하지 않
나 생각합니다. 선생님께서는 이제 휴가중 항례의
냇놀이에 나가셨읍니까.
큰 밀짚 모자 아래의 햇볕에 그을은 얼굴을 상상하
면서 저도 건강하게 주판을 통기고 땀을 닦으면서
집무하고 있읍니다.

회사의 일행과 "밋쓰도오게"에 올라갔다.
산정에서의 "후지"는 훌륭하다.
이제부터 "가와구찌꼬"로 내려가서 보우트를
타고 저녁때 귀경 예정.　산정에서 마사오.

呼稱의 敬語

	父	母	両親	夫
타칭（他稱）	ご尊父、お父上、お父君、父君、お父さま。	お母上、御母君、ご母堂、ご尊母、ご亡母さま。	ご両親さま、ご両人さま、ご両所さま、お二方。	ご主人さま、ご良人さま、旦那さま、ご夫君、××さま（姓または名）。
자칭（自稱）	父、わたくし父、老父、亡父、おやじ。	母、わたくし母、老母、亡母、おふくろ。	父母、両親、老父母、老人たち、としよりども。	夫、主人、宅、亭主、あるじ、××（姓または名）。

	妻	男兒	女兒	男女共通
타칭（他稱）	奥さま、御奥さま、ご令室、ご内室、ご令閨、令夫人。	令息、ご令息さま、ご子息さま、お坊ちゃま、ご愛息。	お嬢さま、ご令嬢さま、令嬢、ご愛嬢。	お子さま、お子さん、お子さま方。
자칭（自稱）	妻、家内、××（名）。	むすこ、せがれ、××（名）。	娘、××（名）。	子ども、子どもたち、うちの子。

	家族	親戚	住居	住地	會社・銀行・商店
타칭(他稱)	ご一同さま、ご一統さま、ご一家さま、ご家族のみなさま。	ご親戚、ご親族、ご一門、ご一族。	貴家、尊宅、貴邸、尊居、お邸、ご自宅。	御地、貴地、御地方、貴地方。	貴社、貴行、貴所、貴店、貴會、御社。
자칭(自稱)	一同、家族一同、家内一同、私ども一同、一家中。	家内一統。親戚一同、一門の者、家中。	小宅、拙宅、陋屋(ろうおく)、小屋。	当地、当地方、当所、弊地。	当社、小社、当行、小店、当店。

	便紙	物品	思想意見	受授	來往
타칭(他稱)	お手紙、ご書信、ご書面、ご書状、御状、ご芳書。	けっこうなお品、ご厚志のお品、佳品、名酒、尊影(写眞)。	ご意見、ご高見、ご卓見、ご高説、ご卓説。	ご受納、ご笑納、ご査収、ご笑味。	ご來臨、ご光來、ご來車、ご來駕。
자칭(自稱)	手紙、お手紙、寸書。	粗品、粗菓、粗肴、粗酒、小照(写眞)。	私見、私考。	拝受、頂載、賞味。	參上、拝趨、お伺い。